情緒海洋系列

水母很妒忌

作　　者：凱蒂・伍利（Katie Woolley）

繪　　圖：戴維・奧魯米（David Arumi）

翻　　譯：潘心慧

責任編輯：潘曉華

美術設計：許鍩琳

出　　版：新雅文化事業有限公司

　　　　　香港英皇道499號北角工業大廈18樓

　　　　　電話：（852）2138 7998

　　　　　傳真：（852）2597 4003

　　　　　網址：http://www.sunya.com.hk

　　　　　電郵：marketing@sunya.com.hk

發　　行：香港聯合書刊物流有限公司

　　　　　香港荃灣德士古道220-248號荃灣工業中心16樓

　　　　　電話：（852）2150 2100

　　　　　傳真：（852）2407 3062

　　　　　電郵：info@suplogistics.com.hk

印　　刷：中華商務彩色印刷有限公司

　　　　　香港新界大埔汀麗路36號

版　　次：二〇二三年三月初版

ISBN: 978-962-08-8096-4

Original Title: *The Emotion Ocean: Jellyfish Feels Jealous*

First published in 2021 by Hodder & Stoughton

Text by Katie Woolley

Illustrations by David Arumi

The right of David Arumi to be identified as the illustrator of this Work has been asserted in accordance
with the Copyright, Designs and Patents Act, 1988.

Franklin Watts

An imprint of

Hachette Children's Group

Part of Hodder & Stoughton

Carmelite House

50 Victoria Embankment

London EC4Y 0DZ

An Hachette UK Company

www.hachette.co.uk

www.franklinwatts.co.uk

Traditional Chinese Edition © 2023 Sun Ya Publications (HK) Ltd.

18/F, North Point Industrial Building, 499 King's Road, Hong Kong

Published in Hong Kong SAR, China

Printed in China

水母很妒忌

凱蒂·伍利　著
戴維·奧魯米　繪
潘心慧　譯

新雅文化事業有限公司
www.sunya.com.hk

前言

　　《情緒海洋系列》能幫助小朋友認識自己的情緒，以及這些情緒對自己和別人所帶來的影響。與此同時，故事裏也會提供一些簡單的方法，幫助小朋友管理情緒。

　　每個故事皆以海洋為背景，講述海底學校的動物們在日常生活中所經歷的不同情緒，讓家長和老師能輕鬆地引導小朋友進入有關情緒的討論。例如在本故事《水母很妒忌》中，探討的情緒是妒忌——它會帶給小朋友什麼感覺，小朋友會因而產生什麼反應，以及怎樣處理這種情緒，並開始懂得為自己和別人感到高興。

　　本系列適合大人和小朋友一起共讀，以此開啟話題，進行討論。共讀故事時，建議選擇一個大人和小朋友都感到放鬆、不匆忙的時間。在正式講故事之前，大人可引導小朋友首先觀察書中的圖畫，猜一猜這本書的內容是什麼，讓小朋友能更快、更自然地投入故事。

新雅・點讀樂園 升級功能

讓親子閱讀更有趣！

　　本系列屬「新雅點讀樂園」產品之一，若配備新雅點讀筆，爸媽和孩子可以使用全書的點讀和錄音功能，聆聽粵語朗讀故事、粵語講故事和普通話朗讀故事，亦能點選圖中的角色，聆聽對白，生動地演繹出每個故事，讓孩子隨着聲音，進入豐富多彩的故事世界，而且更可錄下爸媽和孩子的聲音來説故事，增添親子閱讀的趣味！

　　「新雅點讀樂園」產品包括語文學習類、親子故事和知識類等圖書，種類豐富，旨在透過聲音和互動功能帶動孩子學習，提升他們的學習動機與趣味！

想了解更多新雅的點讀產品，請瀏覽新雅網頁(www.sunya.com.hk)或掃描右邊的QR code進入 新雅・點讀樂園 。

如何使用新雅點讀筆閱讀故事？

1. 下載本故事系列的點讀筆檔案

1. 瀏覽新雅網頁(www.sunya.com.hk) 或掃描右邊的QR code 進入 新雅・點讀樂園 。

2. 點選 下載點讀筆檔案 ▶ 。

3. 依照下載區的步驟說明，點選及下載《情緒海洋系列》的點讀筆檔案至電腦，並複製至新雅點讀筆的「BOOKS」資料夾內。

2. 啟動點讀功能

開啟點讀筆後，請點選封面右上角的 新雅・點讀樂園 圖示，然後便可翻開書本，點選書本上的故事文字或圖畫，點讀筆便會播放相應的內容。

3. 選擇語言

如想切換播放語言，請點選內頁左上角的 粵☆普 圖示，當再次點選內頁時，點讀筆便會使用所選的語言播放點選的內容。

4.播放整個故事

如想播放整個故事，請直接點選以下圖示：

5.製作獨一無二的點讀故事書

爸媽和孩子可以各自點選以下圖示，錄下自己的聲音來說故事！

1️⃣ 先點選圖示上 爸媽錄音 或 孩子錄音 的位置，再點 OK，便可錄音。

2️⃣ 完成錄音後，請再次點選 OK，停止錄音。

3️⃣ 最後點選 ▶ 的位置，便可播放錄音了！

4️⃣ 如想再次錄音，請重複以上步驟。注意每次只保留最後一次的錄音。

爸媽請使用
這個圖示錄音

孩子請使用
這個圖示錄音

甲班的學生很興奮，因為今天學校游泳隊
有選拔賽，大家都希望能夠入選。

劍魚戴上全新的泳鏡。

海星有一頂幸運泳帽。

水母沒有新泳鏡，也沒有幸運泳帽。
「哼，太不公平了！」他想。

「時間到了，大家排好隊！」
獨角鯨老師說。

動物們一起向前游。

快到終點時，劍魚和鯊魚並肩前進，

不相伯仲。

水母卻一直跟不上他的朋友們。

突然，劍魚向前一衝，她的鼻子越過了終點線！

全班高興地為劍魚鼓掌喝彩。

「劍魚，你太厲害了！」鯨魚說。

水母看見他的朋友們都上前恭賀劍魚，
他感到有點酸溜溜。
他也想贏，也想得到大家的稱讚。

水母一時控制不住自己，大聲叫：「劍魚能贏是因為她那滑稽的長鼻子！」

劍魚的笑容頓時消失。她難過地慢慢游回課室。
「我說得沒錯呀!」水母想。

水母整個上午心情都很差。
他一直寫錯字。

他甚至把自己的觸手弄得亂七八糟，
算術題也做錯了。

「水母，你還好嗎？」獨角鯨老師說，「你看起來不太對勁。」

水母一點也不好。事實上，他感到糟糕極了。

「我很想贏這場比賽，加入游泳隊。」
他說，「但劍魚贏了。」

「劍魚很會游泳。」獨角鯨老師贊同地說，
「她是應該加入游泳隊的。」

「我知道。」水母說，「但我剛才太妒忌了，對她很不友善。」

「我們都會有妒忌的時候，」獨角鯨老師說，「但我們也有各自擅長的本領。沒有人跳得比你高呀！」

水母想了一會兒。「或者我應該參加體操隊的選拔賽！」水母說。

「這是個好主意!」獨角鯨老師說,
「不過你也要跟劍魚和好。」

30

水母立刻游去跟劍魚說對不起。

當天下午，劍魚在游泳隊接受訓練。

劍魚衝線時，水母高興得跳上跳下，大聲叫：
「衝呀！劍魚，衝呀！」

劍魚笑得很開心，因為她的頭號支持者跳得比誰都高！

認識 情緒 很重要！

情緒對你很重要，對於水母和他的朋友們也一樣。請你看看以下各圖，說一說圖中角色們的感覺。每幅圖畫旁邊的問題可以幫助你思考：

水母看見朋友們都有新泳帽和泳鏡時，他有什麼感覺？

水母不友善時，劍魚有什麼感覺？

獨角鯨老師幫助水母明白到
什麼？

水母怎樣跟劍魚和好？

在故事的結尾，水母和劍魚有
什麼感覺？

下次你感到妒忌時，可以怎
樣做？

活動建議

看完故事後，家長或老師可以跟小朋友展開延伸活動，讓小朋友更容易吸收和理解故事中所說的情緒，並連繫到自己的日常生活經驗。以下有一些討論話題和活動建議供參考：

關於故事內容

· 請小朋友說說水母在不同的事情發生後的感覺。

· 問問小朋友有沒有妒忌過別人。什麼時候？為什麼？

關於認識自己

· 問問小朋友為什麼了解自己的情緒那麼重要。

· 請小朋友想一想，能夠明白自己在某情況下的情緒反應，他的心裏會不會覺得好過一些？

· 了解自己的情緒，會不會幫助他和其他小朋友相處得更好？為什麼？

關於認識自己和別人對情緒產生的反應

活動小提示：

＊ 此活動特別適合多人參與。如人數較少（例如只有爸爸、媽媽和小朋友），也可由各參與者說出自己的經驗、感覺和想法，再一起討論。

＊ 如參與的小朋友較多，可先把他們分成幾組再進行討論。

· 請參與者想一個可能會感到妒忌的情況。問問他們當時有什麼反應？他們怎樣使自己不再妒忌？

· 分組時間結束後，各組請委派一人做代表，把記下的事情讀出來，然後全班一起討論。